AF396157

LES PROMENADES DE PARIS.

COMEDIE EN TROIS ACTES,

Mise au Theâtre par Monsieur Mongin, & representée pour la premiere fois par les Comediens Italiens, dans leur Hostel de Bourgogne, le sixiéme jour de Juin 1695.

ACTEURS.

ELISE, Fille de qualité.

COLOMBINE, Suivante d'Elise.

LEANDRE, Capitaine de Dragons.

OCTAVE, jeune homme de famille.

CALMAR, homme de Robe.

} Amans d'Elise.

ARLEQUIN, Valet de Leandre.

SCARAMOUCHE, Valet d'Octave.

MEZZETIN, Valet de Calmar.

} Amans de Colombine.

UN FIACRE. *Arlequin.*

UN POETE. *Scaramouche.*

UNE VENDEUSE DE BOUQUETS. *Mezzetin.*

BACCHUS. *Mezzetin.*

Suite de Bacchus.

Plusieurs Garçons Cabaretiers qui ne parlent pas.

La Scene est au Bois de Boulogne, & aux Thuilleries.   LES

LES
PROMENADES DE PARIS
Ital.
Arl. fiacre
Col.

Les promenades de Paris Com. en 3 act.
pris que toute en vers, par Longin,
jouée à l'ancien Th. Ital. le 6 juin 1695.
Cette pièce a beaucoup de bon, mais elle est peu propre
au théâtre.

Dict. de Léris

à mentir

LES PROMENADES DE PARIS.

ACTE I.
SCENE I.

Le Théâtre represente le Bois de Boulogne.

OCTAVE, SCARAMOUCHE.

OCTAVE.

Non, non, laisse-moy, Scaramouche, je ne veux plus avoir recours qu'au desespoir.

SCARAMOUCHE.

Mais recourons auparavant à mon industrie, & écoutez-moy de grace.

OCTAVE.

Quoy ? parce que je n'ay pas encore de quoy flatter l'ambition d'Elise, & que je ne puis luy donner ma foy & mon bien qu'aprés la mort de mon Pere, la cruelle me sacrifie à Monsieur Calmar ?

Tome VI.   H

elle reçoit ſes ſoupirs, ſon amour, ſes feſtes, & aujourd'huy meſme dans ce Bois de Boulogne il faut que je me voye la victime d'un Rival odieux, d'un coffre fort d'amour, en un mot d'un vieux Calmar ?

SCARAMOUCHE.

Vous avez raiſon. Vous ſacrifier à Calmar, c'eſt preferer un Hibou à un joly homme, une Maſette à un Cheval d'Eſpagne, & une vieille Savatte à un jeune & ſouple Eſcarpin. Mais il n'eſt plus de filles qui ne ſoient de mauvais goût pour devenir femmes.

OCTAVE.

Des cheveux noirs avec des blancs, ah le bel aſſemblage ! Qu'il fera beau voir ce vieux Calmar ſembler le Pere de ſa femme, & n'eſtre pas celuy de ſes enfans !

SCARAMOUCHE.

Non, ce mariage-là n'eſt pas faiſable, & je ſçauray bien l'empêcher, vous dis-je, ſi vous voulez me croire.

OCTAVE.

Mais quoy donc ? que veux-tu que je faſſe ?

SCARAMOUCHE.

Il faut premierement aſſiſter à la feſte de Calmar ſans nous faire connoiſtre.

OCTAVE.

Et comment ?

SCARAMOUCHE.

Vous allez voir. Voicy de quoy nous metamorphoser. (*Il deshabille Octave, & le met en Garçon de Cabaret.*)

OCTAVE.

Qu'est-ce donc que cela signifie ?

SCARAMOUCHE.

Laissez-moy faire de grace. (*Scaramouche s'habille ensuite.*)

OCTAVE.

Mais as-tu perdu l'esprit ? dis-moy donc à quoy bon cette Mascarade ?

SCARAMOUCHE.

Je m'en vais vous l'apprendre. Mais voyons auparavant si vous sçaurez bien jouer votre rôlle. Criez-vous bien : Duquel, Messieurs ? Du Champagne ? du Bourgogne ? à huit ? à dix ? à quinze ? à trente ? Hola, on y va. Sçavez-vous courir, mentir, & vous enyvrer au Buffet ? Voila un Garçon de Cabaret depuis les pieds jusqu'à la teste.

OCTAVE.

Mais encore un coup, à quoy bon me déguiser en Garçon de Cabaret, & que dira le Cabaretier de Calmar, si....

SCARAMOUCHE.

Ce Cabaretier est de mes amis ; & pour

voir Elife, & fe moquer de Calmar, il
n'y a point de déguifement plus favorable. Mais chut, j'entends quelqu'un, fui-
vez-moy, fauvons-nous vîte.

SCENE II.
ELISE, COLOMBINE. ARLEQUIN
en Fiacre qui furvient.

ELISE.

Grace au Ciel, Colombine, en ce fombre
    Boccage
    Nous voicy tous deux fans chapeau.
COLOMBINE.
    Que peu de filles de votre âge
Remerciroient le Ciel d'un pareil avantage !
Mais puis donc qu'en effet nous fommes fous
    l'Ormeau,
    Sans fâcheux, au frais, á l'ombrage ;
    Tandis que notre Chicaneau,
Notre Monfieur Calmar met ordre à fon cadeau,
Qu'il fait chauffer les plats, rafraîchir les bou-
    teilles,
Et que de fes doux yeux vous eftes à couvert,
De cedit fieur Calmar parlons à cœur ouvert.
ELISE.
Colombine, tout doux, les murs ont des oreilles.
COLOMBINE.
Mais ce Bois n'en a point, il eft fourd & muet.
    Le Bois de Boulogne eft difcret ;
    Et l'on auroit bien de quoy rire,
    Si ces Echos & ces Oifeaux
Chantoient & redifoient ce qu'ils entendent dire,

Mais tout fe taît fous ces Ormeaux ;
Et ce que tous les jours un chacun leur confie,
Marque affez qu'il faut qu'on s'y fie.
Parlons donc net. Calmar qui vous fait les yeux
doux,
Vous touche-t-il un peu ? Plaift-il ? Qu'en penfez-
vous ?
Pour luy, tout ce qu'il fait dit affez ce qu'il penfe.
ELISE.
A fon amour pourtant j'impofe affez filence.
COLOMBINE.
Point trop, & cet amour qui vous fait regaler,
Qui pour vous divertir ne trouve aucun obftacle,
Qui vous donne concert, fefte, bal, & fpectacle,
Tout cela parle affez, & fait affez parler ;
Et dés-lors qu'une fille eft riche, jeune, belle ;
Que comme vous enfin elle eft maîtreffe d'elle,
Et celle d'un nombre d'Amans,
Elle fait bien des médifans.
ELISE.
Et que pourroit de moy dire la médifance ?
COLOMBINE.
Mon Dieu ! Calmar & fa dépenfe
Donnent carriere à fon caquet.
Tenez, vous aurez beau profner pour votre gloire,
Que Calmar avec vous file un amour parfait,
On ne voudra jamais le croire,
Et par tout aujourd'huy l'on fçait,
Et cela par experience,
Qu'en Amour comme à l'Audience
Les Gens de Robe vont au fait.
C'eft un terrible Amant qu'un Amant liberal.
Je veux que fans l'aimer vous en foyez aimée,
Je veux qu'à votre cœur il ne foit point fatal,
Il l'eft à votre renommée.
Nul en vain, dira-t-on, ne répand ce metal,

Si l'on vous donne, il faut que vous donniez de
   mefme,
      C'eft pour recueillir que l'on feme ;
      Et Calmar, cet original ,
Loin de croire qu'à l'or votre cœur fe révolte ,
      Cet Amant fe croit tous les jours
      A la veille de fa recolte.

E L I S E.

Oh , je veux , s'il fe peut, qu'il s'y croye toujours,
Ou que de ce Calmar la flamme foit dupée ,
Jufqu'à ce que l'Hyver m'ait ramené l'épée.
C'eft ainfi qu'autrefois Penelope fi fage
      Jufqu'au retour de fon Epoux ,
      Abufoit & jouoit les fous
      Qu'elle tenoit en efclavage.

C O L O M B I N E.

Il eft vray , Peneloppe eut dit-on cette gloire :
      Mais la Belle eût filé plus doux,
Si parmy fes Amans elle eût eu comme vous
      Gens de Finance & d'Ecritoire.
Mais à juger de vous par vos raifonnemens ,
    L'on vous croiroit de ces femmes habiles,
      Qui pour mieux duper leurs Amans ,
      Leur femblent des vertus faciles ;
      Donnent de l'efpoir au defirs ;
      Répondent aux douces paroles :
      Et quand pour vous & vos plaifirs,
Un Amant, par exemple, a femé des piftoles,
Qu'enfuite à la recolte il fouhaite venir ;
      Sans rien accorder ny permettre ,
      On fçait toujours luy tout promettre ,
      Et jamais ne luy rien tenir.

E L I S E.

Ouy, Colombine, en ce fiecle où nous fommes,
      C'eft ainfi qu'on mene les hommes.

C O L O M B I N E.

Non, les hommes qu'on mene ainſi
Ne ſont plus de ce ſiecle-cy.
Les hommes aujourd'huy ſont à l'égard des Belles,
Ce que ſont les peſcheurs à l'égard du poiſſon ;
Si vous ne mordez pas d'abord à l'hameçon,
Si vous les amuſez , ou faites les rebelles,
Et les galans & les peſcheurs
S'en vont jetter leur plomb ailleurs.

E L I S E.

Ces peſcheurs des poiſſons peuvent n'eſtre pas
dupes.
Un homme vient à bout de tous les animaux.
Mais l'animal portant coëffes & juppes ,
Le fait toujours donner dans ſes paneaux.

C O L O M B I N E.

Hé bien, tous vos Amans ſont dupes , je me rend.
Mais de Leandre encor faut-il qu'il vous ſou-
vienne ,
Si pleurant votre abſence à la Guerre , il apprend
Qu'on veut vous guerir de la ſienne.

E L I S E.

Leandre de Calmar peut-il eſtre jaloux ?

C O L O M B I N E.

Non , mais d'Octave il pourroit l'eſtre.
Mais à propos d'Octave , oh ça, qu'en penſez-
vous ?
Il vous aime , & ſes yeux , ſes ſoins , ſes billets
doux
Vous l'ont fait aſſez bien connoître.

E L I S E.

Octave a du merite , il eſt doux, ſage, & tendre;
Et s'il pouvoit diſpoſer de ſa foy ,
Ce ſeroit , aprés Landre ,
Celuy que je voudrois qui ſoupiraſt pour moy.

Mais Leandre me met en des frayeurs mortelles.
        Je n'ay de luy nulles nouvelles ,
Et ſa ſanté, ſa vie , à chaque heure du jour ,
        M'allarme autant que ſon amour.

COLOMBINE.

Vous ſerez raſſurée au premier Ordinaire.
Ne peut-on , aprés tout , en paſſer un ou deux
        Sans vous écrire ou vous déplaire ?
Tous ces Amans Guerriers ne ſont pas maiſtres
        d'eux ,
Et de leurs fers ſur nous rejaillit l'amertume.
De plus , pour contenter ſa gloire & ſes amours ,
        Faut-il que Leandre ait toujours
Ou l'épée à la main , ou la main à la plume ?
        Oh , tous ces Amoureux Guerriers ,
Ces Heros pour leur Roy quittent leurs Heroïnes,
        Et leurs couronnes , leurs lauriers ,
Pour nous encore un coup ne ſont que des épines.
Leandre cependant , pour peu qu'il ſoit jaloux ,
        Devroit... Mais paix , on vient à nous.

ARLEQUIN *en Fiacre arrive en chantant avec*
        une bouteille & un verre à la main.
Vivat! Mais que font donc ces Nimphes bocca-
        geres ,
        Seules dans un lieu ſi touffu ?
Approchons , découvrons un peu tous ces myſteres.
(*Reconnoiſſant Eliſe & Colombine.*)
Ah , Meſdames , c'eſt vous ?

COLOMBINE.

        Qu'eſt-ce ? Que nous veux-tu ?

ARLEQUIN.

On vous attend avec impatience.

ELISE.

Et qui ?
                        ARLEQUIN,

ARLEQUIN.
Monsieur Calmar & la Colation.
Pour moy, vous voyez ma pitance,
Je porte ma provision,
(*montrant sa bouteille.*)
Et voila la seule Maîtresse
Que je mene sur le gazon.
A votre santé, ma Princesse.
(*Aprés avoir bu, il leur presente à boire, & dit :*
Tenez, voila pour me faire raison.
Goutez de ce vin, il est bon.
COLOMBINE.
Fy ! les femmes en boivent-elles ?
ARLEQUIN.
Bon ! en yvrognerie aujourd'huy les femelles
Dament le pion aux chapeaux.
Le sexe ne boit plus du sirop de grenouille,
Il n'aime que les vins & les Amans nouveaux,
Et l'Empire Bachique enfin tombe en quenouille.
(*Il boit.*)
COLOMBINE.
Fort bien ! Notre Fiacre s'en donne.
Mais de grace voyons s'il a le vin discret.
Ne connoîstrions-nous personne
De celles qu'en ce bois il amene en secret ?
ARLEQUIN *regardant Elise & Colombine.*
Voila deux des bonnes fortunes
Qu'icy Monsieur Calmar ait encor jamais eu.
Heureux tous ces Robins des Blondes & des Bru-
Ils en ont à present à bouche que veux-tu. [nes !
COLOMBINE.
Pour qui donc nous prend ce maraut ?
ARLEQUIN.
Paix, ne le prenez point si haut.
Ne faites point tant la feroce.
Ces airs-là seient mal avecque mon carrosse.

Tome VI.   I

E L I S E.

Cet yvrogne-là croit parler
A ses pratiques ordinaires.

C O L O M B I N E.

Laissons-le dire. Oh ça, dans ce lieu solitaire
Quelles Beautez te font le plus souvent rouler ?
Là, fais-nous quelque confidence ?
Dis-nous…

A R L E Q U I N.

Motus. En vain vous voulez mesonder.
On me paye icy pour garder
Et les manteaux & le silence.
Le silence est mon gagne-pain ;
Et dés aujourd'huy pour demain
Louïson, Catin, & Sylvie,
Qu'on croit par tout femmes d'honneur,
Ne me donneroient plus de quoy gagner ma vie,
Si j'allois reveler la leur.

C O L O M B I N E.

Pour toutes ces vertus traitables,
Je veux bien les mettre à l'écart.
Mais dis-nous, quelles sont les femmes raison-
nables
Qu'amene icy Monsieur Calmar ?

A R L E Q U I N.

Femmes raisonnables ? Je croy.
Que vous vous gobergez de moy.
Je ne menay jamais ny raison ny sagesse ;
Et tout compté, tout rabattu,
Je ne suis Cocher, ma Princesse,
Que de la moyenne vertu.
Ne sçait-on pas bien mon negoce ?
Ne sçait-on pas, quand bien je voudrois le cacher,
Que celles dont je suis cocher,
Sont semblables à mon carrosse.

COLOMBINE.
Une Belle reſſemble au Fiacre ?
ARLEQUIN.

Aſſurément.
COLOMBINE.   [che ?
En quoy donc ſe peut-il, bon Dieu! qu'elle en appro-
Va va , tu perds le jugement ,
Et toute comparaiſon cloche.
ARLEQUIN.
Oh ! celle-cy ne cloche point,
Ou bien ne cloche qu'en ce point.
C'eſt qu'une Belle en Fiacre eſtant bien promenée ,
On ne luy paye au plus que l'heure du Berger ;
Et que l'on paye au Fiacre, où l'on va voyager ,
Toutes celles de la journée.
COLOMBINE.
Tous ces impertinens diſcours
Ne doivent s'adreſſer qu'à de franches coquettes.
Mais des femmes comme nous faites ,
Par exemple ...
ARLEQUIN.
Bon ! tous les jours
J'en mene qui vous ſont égales.
COLOMBINE.
Oh ! tu ne menes donc jamais que des Veſtales.
ARLEQUIN.
Ouy Veſtales, fort bien ! Oh, puiſqu'il faut parler,
Puiſque l'on me contraint à ne plus rien celer ,
De grace , dites-moy ? Ces humaines Donzelles ,
Qui crainte de paſſer pour telles ,
Me cachent à Paris leurs demeures , leurs noms ,
Et dans ce Bois leurs actions ;
Ouy, ces femmes en general ,
Qui pour aller faire naufrage ,
Ne veulent s'embarquer dedans mon équipage
Qu'aux Quinze-vingts , à l'Arſenal ?

I ij

Toutes ces Belles, par exemple,
Sont-elles, entre nous, d'une vertu fort ample ?
COLOMBINE.
J'avoue....

ARLEQUIN.
Item, celles encor qui vinrent en ces lieux,
Au retour des Hirondelles,
Faire aux Guerriers leurs adieux ;
A ce départ ces femelles,
Qui sembloient estre en des douleurs mortelles,
Et qui si peu de jours aprés,
Dans ce Bois de Boulogne mesmes
Avecque des gens de Palais
Oublierent leurs chers Plumets,
Et s'oublierent elles-mesmes ?
COLOMBINE.
A l'oubly prés, qu'en dites-vous ?
Ce Maraut-là parle pour nous.
ARLEQUIN.
Et celles qu'on regale à Chaillot, à Passy ;
Et qui pour dire grand-mercy,
Et payer leur écot d'un bon vin de Bourgogne,
D'une bonne collation,
S'en vont dans le bois de Boulogne,
En faire la digestion ?
COLOMBINE.
Si....

ARLEQUIN.
Ces Belles encor, ces écueils de la Bourse,
Qui voulant toujours estre en course ;
A force de courir l'Hiver les Jeux, le Bal,
L'Esté les Bois & la Prairie,
Conduisent mes Chevaux enfin à la Voirie,
Et leurs Amans à l'Hôpital ;
Se bâtissant ainsi, ces prodigues Coquettes,
Sur la ruine des Chevaux ,

Et celle des Godelureaux,
Un refuge aux Madelonnettes.
ELISE.
Laiſſons-là cet Yvrogne, allons, ſortons d'icy.
Colombine, c'eſt trop luy donner audience.
Monſieur Calmar m'attend avec impatience,
Je ſuis de voir ſa feſte impatienté auſſi.
COLOMBINE.
Allons. *(au Fiacre)* De la raiſon, toy, prens donc
   plus de ſoin,
     Et gardes-en, je t'en conjure
     Autant qu'il en faut, tout au moins
Pour conduire à Paris ta vilaine voiture.
         (Elles s'en vont.)
ARLEQUIN.
   Oh, tout doux, mon Fiacre vilain ?
Hé de grace, épargnez un peu votre prochain.
Quelque vilain qu'on ſoit, Comteſſes & Mar-
   quiſes
Du Fiacre cependant ſont tellement épriſes,
Qu'elles quittent des chars tirez à ſix Chevaux,
Pour s'en venir en Fiacre icy ſous ces ormeaux.
   Mais où court ce Manant ſi viſte.
Il faut nous divertir de ce Bon-homme-cy.
   Hola, Manan, hola l'Amy ?
   Où veux-tu donc aller au giſte ?
PIERROT.
A Paris.
ARLEQUIN.
A Paris ?
PIERROT.
   Ouy je quitte les champs,
Et je ne veux pas davantage
Eſtre du nombre des Manans.
ARLEQUIN.
Ah ah ! Le plaiſant perſonnage !

Et quelle eſt la raiſon, mon pauvre Villageois
Qui t'incite & te pouſſe à devenir Bourgeois ?

PIERROT.

Et c'eſt que maintenant les femmes de Village
N'aiment plus leurs maris dedans le mariage.
  La mienne me fait enrager.
J'eſpere qu'à Paris elle pourra changer.
Quand je feray Bourgeois, qu'elle ſera Bourgeoiſe,
Nous n'aurons plus, je crois, ni querelle ni noiſe.

ARLEQUIN.

  Ouy, les Bourgeoiſes de Paris
Aiment fort en effet leurs paiſibles maris !
  Quitter ton Hameau pour la Ville !
  Hé double ſot, pauvre animal,
  C'eſt tomber de fiévre en chaud-mal.
Tu veux eſtre Bourgeois ? je t'en feray voir mille
  Qui voudroient devenir Manans.

PIERROT.

Et moy, j'en connois un pas bien loin de ceans,
  Adoré, chery de ſa femme.
Elle luy dit : Mamour, mon fils, tout cy, tout ça,
  Oh ! Pierrot donneroit ſon ame
  Pour avoir tous ces biaux noms-là.

ARLEQUIN.

  Ah ! ſi cela te raſſaſie,
  Plus de chagrin, plus de tourment.
Pour toy Paris aura mille agrémens.
  Là, pour oſter ſoupçon & jalouſie,
  Des femelles à tous momens
Donnent à leurs Epoux le nom de leurs Amans.
  Mais veux-tu guerir ta folie :
  Reſte quelque temps en ce Bois,
  Et tu verras en tapinois
Que le Divorce a droit de Bourgeoiſie
  Chez les plus paiſibles Bourgeois.

PIERROT.

Serviteur aux Bourgeois, je ne veux donc plus l'être,

ARLEQUIN.

Ouy , tiens-t'en à ta vie & ruſtique & champêtre.

PIERROT.

Oh , ne me parle point des champs.
Je n'y veux point reſter. Mais il eſt ſur la terre
Bien plus d'une ſorte de gens.

ARLEQUIN.

Il eſt des gens de Robe, il eſt des gens de Guerre.
Lequel de ces eſtats aimerois-tu le mieux ?
Veux-tu devenir. . . .

PIERROT.

Ouy, je veux ,
Je veux devenir gens de Robe.

ARLEQUIN.

Mais pour bien porter le Rabat,
Il faut plus d'un talent , comme plus d'un Ducat.

PIERROT.

Pour des Ducats, on en dérobe.
J'ay & bonne main & bon cœur,
Enfin déja je ſuis à moitié Procureur.
J'ay beaucoup de babil, bon port, belle preſtance;
A moins on peut eſtre Avocat.
J'ay de la gravité, je ronfle à l'Audience ;
Et de bien plus d'un Magiſtrat
C'eſt-là toute la ſcience.

ARLEQUIN.

Ouy, mais ces gens de Robe Epoux,
Manans , ſont moins heureux que vous.
Chez vous, femme, mary, chacun fait ſa beſogne.
L'homme fait des fagots, la femme des balais.
Mais ces pauvres Robins s'échauffent au Palais,
Tandis que leurs moitiez dans ce bois de Bou-
logne
Gobent tranquillement le frais.

I iiij

PIERROT.

Perrette aura moins de licence,
Je la tiendrons de prés.

ARLEQUIN.

Mais l'heure d'Audience,
Chez les femmes de Robe est l'heure du Berger.

PIERROT.

Au diantre donc la Robe, il n'y faut plus songer.

ARLEQUIN.

Non, il vaut encor mieux s'en aller à l'Armée,
Allons, il faut servir le Roy,
Et quand tu porteras le Plumet & l'Epée,
Ah, ta femme ma foy sera bien attrapée;
Il faudra bien que la rusée.
T'aime, ou qu'elle dise pourquoy.

PIERROT.

En effet, la mine guerriere
Aux femmes aujourd'huy donne dans la visiere.
Mais un Plumet, une Epée à Pierrot !
Moy porter cela ? quelque sot !
Que porteront les Gentilshommes ?

ARLEQUIN.

Bon, bon ! dans le siecle où nous sommes,
On habille de mesme & Manans & Marquis.
Tel portoit des Sabots jadis,
Qui porte aujourd'huy l'écarlatte.
Un homme n'est plus un pied-plat,
Dés qu'il n'a plus sa bourse platte.
L'Argent est Gentilhomme, en un mot, entens-tu ?

PIERROT.

Quoy ? Noblesse à present ne vient pas de vertu ?

ARLEQUIN.

Hé non, ce n'est plus là sa source.
Noblesse en ce pays se tire de la bourse.
Ouy, la Noblesse vient de là.
(*Il fait comme s'il comptoit de l'argent.*)

Cela te semble-t-il étrange ?
Pierrot aura pourtant, tout comme le voila,
Des Lettres de Noblesse avec Lettres de Change.
Ainsi tu peux porter Arme, & quoy que Manan,
Tu pourras à ton gré suivre l'Arriere-Ban.

PIERROT.

Allons donc ; aussi-bien ces Arriere-Banistes
Des morts & des blessez n'emplissent point les
    Listes.
        Mais comment m'appellera-t-on ?
Car Pierrot, ce nom-là n'est point fait pour la
    Guerre.

ARLEQUIN.

Hé tous les jours on change & d'habit & de nom,
Pierrot s'appellera le Marquis de la Pierre,
Et Perrette ta femme aussi sera Marquise.

PIERROT.

Son amour aprés ça me sera tout acquis ?

ARLEQUIN.

Non pas. Hé quelle est ta sottise !
Ta femme Marquise ? tant pis !
Nous voyons tous les jours Marquises & Comtesses,
Estre aussi mal avecque leurs maris,
Que leurs maris sont mal avecque les richesses.

PIERROT.

Comment ? Quand j'iray à l'Armée,
Que j'auray vu quelques combats,
Quand j'auray bonne renommée,
Perrette ne m'aimera pas ?

ARLEQUIN.

Et quand bien tu ferois mille & mille conquestes,
Quand tu ferois le plus grand des Guerriers,
Les Coeffes rarement épargnerent les testes
Que Mars a couvert de Lauriers.

PIERROT.

Oh bien, me voila donc revenu de la gloire.

ARLEQUIN.
Veux-tu, Pierrot, veux-tu m'en croire ?
PIERROT.
Hé bien ?
ARLEQUIN.
Refte Manan, & retourne chez toy.
Il eft dans le monde, je croy,
Bien plus d'un doux & bon ménage.
Mais il en eft bien moins à Paris qu'au Village
Crois-moy, *in vino veritas.* (*Il boit.*)
PIERROT.
Moy retourner aux champs ? je ne le feray pas.
Car encore à Paris, fi ma femme eft un diable,
Et s'il faut que j'y fois un mary miferable,
J'auray dequoy me confoler
En voyant par tout mon femblable.
Mais il eft temps de m'en aller.
Serviteur.
ARLEQUIN.
Mais avant de te mettre en chemin,
Tiens, fable ce verre de vin.
Cela, dit-on, avife bien un homme.
PIERROT.
Non, je veux, vous dit-on, eftre dépaïfé.
Et que je boive ou non, je fuis tout avifé.
Un Bourgeois & moy, c'eft tout comme.
ARLEQUIN.
Hé bien donc, à votre fanté. (*Il boit,*
& Pierrot s'en va.)

MEZZETIN *tenant une bouteille à la main,*
& des reftes de la Collation, entre & chante :
Vive le Bois de Boulogne,
Vive tous ces tapis verds,
Où l'on vient rougir fa trogne,
Et voir la feuille à l'envers !

C'eft dans ce lieu delectable,
C'eft dans ce charmant féjour,
Que les plaifirs de la table
Font venir ceux de l'amour.

Courage, Camarade ! Voicy les reftes de la Collation que je viens partager avec toy. Allons, beuvons, mangeons, rions, chantons.

ARLEQUIN.

A juger de la Collation par ces reftes, elle eftoit fomptueufe, & je crois qu'il fera peu refté de cruauté à celle à qui on l'a donnée.

MEZZETIN.

Tout doux. Cette Maiftreffe-cy, non plus que fa Suivante, n'eft pas de mefme étoffe que les autres, & mon Maiftre & moy ne foupirons aujourd'huy qu'à bon efcient & pour le mariage.

ARLEQUIN.

Hé ouy, pour un mariage du Bois de Boulogne, n'eft-ce pas ? Allons, beuvons à ce bon mariage.

MEZZETIN.

Tu railles, mais je parle ferieufement, & dés aujourd'huy...

ARLEQUIN.

Mon Dieu ! je connois ton Maiftre ; & Monfieur Calmar, te dis-je, eft un de ces Calmars qui ne veulent époufer que la débauche.

MEZZETIN.

Non encore un coup, nous allons faire divorce avec elle. Il faut finir, & tu vas perdre en nous une bonne pratique.

ARLEQUIN.

Bon, bon! Quand ton Maiſtre ſeroit aſſez fou pour ſe marier tout de bon, ſeroit-il plutoſt infidelle au Fiacre & à toutes ſes petites Maiſtreſſes qu'à ſa femme?

MEZZETIN.

Aſſurément, & mon Maiſtre & moy nous vivrons avec nos petites femmes, comme s'il n'y avoit qu'elles de femmes au monde.

ARLEQUIN.

Quoy? Monſieur Calmar, par exemple, ne ſe promenera plus, ne s'enyvrera plus, & ne ſe perdra plus dans le Bois de Boulogne qu'avec ſa femme?

MEZZETIN.

Non, qu'avec ſa femme.

ARLEQUIN.

Monſieur Calmar ne donnera plus de rendez-vous aux Quinze-vingts, au Palais Royal, ny de feſtes au Grand Turc & à Piquepuſſe qu'à ſa femme?

MEZZETIN.

Non.

ARLEQUIN.

Monſieur Calmar ne ſe fera plus enfermer la nuit aux Thuilleries , & n'en sortira plus par dessus l'imperiale d'un carosse qu'avec sa femme ?

MEZZETIN.

Non.

ARLEQUIN.

Et Monsieur Calmar ne meublera plus de chambres à Paris , & n'en louera plus à la campagne que pour les éclipses de sa femme ?

MEZZETIN.

Non , non , non. Mon Maistre , te dis-je , ne connoistra , ne verra & n'aimera que sa femme. Mais paix. J'entens la voix je crois de celle qui doit estre la mienne. Ouy, c'est Colombine elle-même.

COLOMBINE *entrant.*

Hola hé , Fiacre, c'est assez boire & manger ; cours en donner à tes chevaux , & les mets en estat de nous mener tout à l'heure aux Thuilleries.

MEZZETIN *au Fiacre.*

Ouy , ouy , laisse-nous seuls , & va soigner tes bêtes.

ARLEQUIN.

J'y cours , & je sçais bien qu'en ce charmant sejour,

    Dans de semblables teste à testes ,
    Il ne faut de tiers que l'amour.

Courage , elle est jolie. (*Il s'en va.*)

MEZZETIN.

Hé bien, mon Adorable,
Ce Bois à mon amour fera-t-il favorable ?
Nous sommes fans témoins, & nous pouvons ainfi..
Mais arrefte, où cours-tu ?

COLOMBINE.

Renguaîne ta tendreffe.
Je vais rejoindre ma Maiftreffe,
Et ne veux point refter feule dans ce Bois-cy.

MEZZETIN.

Et qu'as-tu donc à craindre en ce charmant Bocage ?
Qu'eft-ce ? en ce Bois eft-il quelques filoux ?

COLOMBINE.

Que trop. Ouy, fous ce verd feuillage,
Des filles feules comme nous
Sont fouvent mifes au pillage.
Fuyons les bois de peur des loups.

MEZZETIN.

Non, icy fans fe hazarder
On fe promene, on fe repofe.
Si tu crois qu'aux caquets un tefte à tefte expofe,
Le Fiacre viendra nous garder.

COLOMBINE.

Mauvais moyen pour empêcher la chofe !
Et tous ceux qui fous ces ormeaux
Font la charge de fentirelle,
Bien loin de garder une Belle,
Ne gardent rien que les manteaux.

MEZZETIN.

Que cette retraite eft charmante !
Qu'il eft deux d'eftre affis deffus ce verd gazon !

COLOMBINE.

Ne voila pas déja le gazon qui te tente ?
Adieu.

MEZZETIN.
Non non , de grace , arreste , écoute donc.
COLOMBINE.

Laiſſe-moy.

MEZZETIN.
Mais d'où vient cette peur , cet effroy ?
Tu ne ferois pas plus timide ,
Quand tu ferois avecque moy
Aux Deſerts de la Thebaïde.
COLOMBINE.
Oh , ce Bois eſt plus dangereux
Que le Defert le plus affreux.
Telle qui tiendroit bon où giſte la Cicogne ,
Se rend dans le Bois de Boulogne.
On ne va boire ny manger
Où les Cicognes vont loger ;
Mais icy tous les jours l'yvrogne ,
A l'aide du vin de Bourgogne ,
Fait fonner l'heure du Berger.
D'un précipice ou d'une grotte
Où fifflent les ferpens , l'on peut fe dégager :
Mais qu'une Nimphe eſt en danger
Où l'on fçait la contraindre à fiffler la linotte !
Dans ces lieux la Coquette à la bifque fe rend ;
Et pour la bifque auſſi la Prude
Permet dans cette Solitude
Ce que par tout elle défend.
MEZZETIN.
Ouy , dans ce beau fejour tout reſſent la tendreſſe ,
On n'y voit que toy de tygreſſe.
Tu n'as point de pareil icy que ces cailloux ;
Et ce Bois ne voit point ny d'humains ny de bêtes ,
Qui dans leur teſte à teſtes
Soient fi beſtes que nous.
Mais ne la fais donc plus la beſte , Colombine.
Te fied-il bien d'eſtre mutine

Dans un sejour où tout se rend ;
Où nul cœur n'est indifferent ;
Où l'on ne voit enfin que toy d'impitoyable ?
COLOMBINE *à part.*
Ah ! qu'Arlequin m'est redevable !
Et que n'est-il icy, Coquin, au lieu de toy !
Quelle est la femme comme moy
Assez maistresse d'elle, assez fidelle & sage,
Pour resister à ces helas ?
Et pour ne sacrifier pas
Le Plumet à la Robe en ce sombre Bocage ?
Mais chut ! quelqu'un vient en ce lieu,
Et j'entens que l'on nous appelle ;
Et c'est fort à propos. Adieu.

SCENE III.

CALMAR, ELISE, COLOM-BINE, MEZZETIN. OCTAVE *&* SCARAMOUCHE *en Garçons Cabaretiers.*

CALMAR.

C'Est, Mademoiselle, une petite Colation champêtre, comme vous voyez.

ELISE.

Monsieur Calmar ne fait rien que de magnifique, & à la Campagne comme à la Ville tout est somptueux quand il s'en mesle.

Icy Octave & Scaramouche mettent le couvert à terre. On apporte plusieurs carreaux

reaux fur lefquels on s'affied, & lors qu'on
découvre les plats qu'on avoit fervis pour
manger, on les trouve remplis d'inftrumens
de mufique tout differens, qu'Octave, Sça-
ramouche, & les autres Garçons Cabaretiers prennent, & dont ils jouent ; ce qui
forme un Concert fort agreable. Calmar &
Elife danfent ; aprés quoy on fait tomber
Calmar, & on l'emporte enveloppé dans la
nappe ; ce qui finit le premier Acte.

ACTE II.
SCENE I.

Le Theâtre reprefente les Thuilleries.

CALMAR *en habit de Cavalier,*
MEZZETIN.

CALMAR.

SI j'avois eu cette Epée, l'on ne m'au-
roit pas infulté impunément au Bois
de Boulogne. Hola Mezzetin, me voila en
eftat de plaire & de faire face aux Thuilleries. Mais avant que d'aller plus loin,
dis-moy ce que tu penfes de mon habit.

Tome V I.　　　　　　　　K

Trouves-tu qu'il pesche contre l'air guerrier ? Me trouves-tu encore quelque teintu-
re de la Robe, & me prendrois-tu de loin
pour Monsieur Calmar ?

MEZZETIN.

Oh, vous voila, Monsieur, tout à
fait bien décalmardé ; il vous reste seule-
ment à prendre l'air & les manieres as-
sortissantes à votre habit. Là, mettez-
moy ce chapeau sous le bras, par exemple. Le peigne à la main ? Barbouillez-
vous le nez de tabac ; faites plisser votre
just'aucorps. L'estomach debraillé. Allons, l'air brusque, vif, & dissipé ? Bon !
il ne vous manque plus qu'une moustache,
un ton de faucet, & des creanciers à vos
trousses, pour avoir toutes les parties d'un
galant homme.

CALMAR.

Ce changement d'air & d'habit, en
produira je croy dans le cœur d'Elise.
Cette metamorphose luy paroistra peut-
estre extraordinaire : mais Jupiter luy-
mesme s'est bien metamorphosé pour se
rendre aimable.

MEZZETIN.

J'ay ouï dire en effet, que Jupiter s'é-
toit changé en pluye d'or, & une pareille
metamorphose, Monsieur, vous sieroit
bien mieux que celle-là. Car enfin, que

va-t-on dire de voir un venerable Magiſtrat comme vous, venir donner le paroly
à tous les Petits-Maiſtres des Thuilleries ?

CALMAR.

Va va, je ne ſuis pas le ſeul de ma
Robe, qui au ſortir du Palais, troque le
Rabat & le Bonnet carré, contre l'E-
pée & le Plumet, pour ſe faire regarder
de bon œil aux Thuilleries. Que veux-
tu ? Eliſe ne ſe rend point aux fleurettes,
aux Cadeaux, ny aux Feſtes ; il faut l'at-
taquer par les yeux, & les hommes aujourd'huy ne font donner les femmes dans
le panneau, qu'en leur donnant dans la
veue.

MEZZETIN.

D'accord. Je ſçay que l'amour tout nûd
n'eſt plus de ce ſiecle, & que les étoffes de
la rue S. Denys font plus de conqueſtes,
que tout le merite croté de l'Academie
Françoiſe. Mais ce n'eſt pas aſſez que l'at-
tirail d'un Guerrier ; il en faut les quali-
tez, l'air, les manieres, & ce je ne ſçay
quoy enfin qui met tant de ſympathie entre la Coeffe & le Plumet. En un mot,
il faut eſtre Heros de mine & d'effet,
Monſieur, pour vaincre votre Heroïne.

CALMAR.

Et bien, s'il ne falloit qu'aller à la guerre,
je ſuis capable de tout pour plaire à Eliſe.

MEZZETIN.

Vous aller à la guerre ? Ah, ah, ah !
(*Il rit.*)

CALMAR.

Ouy, moy, à la guerre. Pourquoy
non ? Je veux du mal à mon pere & à ma
mere de m'avoir envoyé au Droit plutoſt
qu'aux Cadets.

MEZZETIN.

Vous à la guerre ? Fy donc ! vous vou-
driez troquer votre Cabinet contre une
Tente ? votre Carroſſe contre un Four-
gon ? & votre vie enfin douce & tran-
quille, contre les fatigues & les peines de
nos Ceſars ?

CALMAR.

Ouy. J'affronterois les peines les plus
rudes, pour engager Eliſe à ſoulager la
mienne.

MEZZETIN.

Chanſon ! Quoy ? vous qui ne pouvez braver le ſommeil à l'Audience, vous
iriez affronter l'inſomnie continuelle de
l'Armée ? Vous qui ne pouvez ouïr ſans
chagrin les ſottiſes qui ſortent de la bouche d'un Avocat, vous iriez vous expo-
ſer de gayeté de cœur à celle du Canon ?
vous vous moquez, Monſieur, vous vous
moquez.

CALMAR.

Non, ferieufement, je voudrois qu'il
ne tînt, pour plaire à Elife, qu'à troquer
ma Robe contre l'Epée, & ma Charge
contre un Regiment.

MEZZETIN.

Monfieur Calmar à la tefte d'un Regiment ? ah, ah ! (*Il rit.*) Le beau fpectacle !

CALMAR.

Ouy, moy, à la tefte d'un Regiment.
Où eft là le mot pour rire ?

MEZZETIN.

Qu'il feroit beau voir la gravité d'un
Senateur dans la tranchée ou fur la breche !

CALMAR.

Encore ? ouais ! ce Maraut-là fe moque
de moy. Finiffons ces ris, je te prie. Chan-
geons de difcours, & va de ce pas avertir
mes Muficiens, & leur dis....

MEZZETIN *riant.*

Quel plaifir de voir Monfieur Calmar
courir avec les gouttes fur les pas des Ce-
fars ! Ah, ah, ah, ah ! (*Il s'en va en riant.*)

CALMAR.

A la fin la patience m'échape. Tu ris
encore. Il faut que je roffe ce Coquin-là.
Arrefte, arrefte, arrefte. (*Il court aprés.*)

SCENE II.

COLOMBINE. ARLEQUIN
en habit de Soldat, ayant une Epée,
& ses cheveux dans une bourse.

COLOMBINE.

Quoy, c'est toy, mon cher Arlequin ?
Mais sans aller plus loin, apprens-moy, je te prie,
Depuis quand donc icy ?

ARLEQUIN.

         J'arrive en ce jardin,
Et ne puis t'exprimer l'envie
Que je sentois de te revoir.
Mais du moins, fais donc ton devoir,
Et permets qu'icy je t'embrasse ;
On ne refuse pas cette petite grace.
         (*Il veut l'embrasser.*)

COLOMBINE *le repoussant.*

Fy donc, l'on nous regarde ; appaise tes transports.
Ta personne me semble encore bien vivante,
Pour venir d'un pays où l'on voit tant de morts.

ARLEQUIN.

    C'est que l'absence, ma Charmante,
    A le don de rendre un Amant
    Une fois plus vif & plus tendre ;
    Et sur tout au retour de Flandre,
On se sent prés de vous tout je ne sçay comment.

COLOMBINE.

Laissons cela, parlons de ton Maistre.

ARLEQUIN.

            Aujourd'huy
Ta Maistresse pourra s'expliquer avec luy.

Eſtoit-ce avec Calmar que dans la grande allée
Elle rioit de ſi bon cœur,
Lors que je t'ay du doigt doucement appellée ?
COLOMBINE.
Non, c'eſt un autre adorateur.
Mais qui t'a dit que ma Maiſtreſſe
Fuſt auſſi celle de Calmar ?
ARLEQUIN.
Cela n'eſt que trop vray, traîtreſſe,
Que ſans avoir à la tendreſſe
Non plus qu'à la perſonne égard,
Tout à coup ta Maiſtreſſe Eliſe, l'infidelle,
Quitte Leandre pour Calmar.
Je n'aurois jamais pu croire cette nouvelle.
Ah ! malheureux Leandre !
COLOMBINE.
Il eſt mal informé ;
Et quoy que de Calmar Eliſe ſoit aimée,
Ton Maiſtre en eſt-il moins aimé ?
ARLEQUIN.
Ouy, ſans doute, puiſqu'à l'Armée
L'on nous a ſçu mander ſon infidelité.
Mais ce bruit eſt-ce donc menſonge ou verité ?
COLOMBINE.
Comment ? Ton Maiſtre a cru ce faux bruit veri-
table ?
ARLEQUIN.
Ouy, c'eſt ſur les diſcours que l'on nous a tenu,
Que de Flandre à Paris en poſte il eſt venu.
COLOMBINE.
Ouy, mais raiſonne. Eſt-il croyable ?
Qu'un homme au cœur tendre, aux yeux
doux,
Se quitte pour un ſot de fort mauvaiſe mine ?
ARLEQUIN.
Tu dis encor vray, Colombine.

Mais aujourd'huy les femmes, entre nous,
Aiment, & trouvent bons de si mauvais ragoûts,
Qu'un amour aussi-bien qu'à table
On ne dispute point des goûts;
Et dans ce siecle abominable,
Où pour ce métal seul tout cœur est enflammé,
C'est peu pour estre bien aimé,
Que d'estre de figure aimable.
Ce n'estoit pas Calmar, non plus que ses desirs
Qui nous donnoient martel en teste;
Nous craignions que son or en butte à vos desirs,
Ne luy donnast une conqueste,
Que tout l'or du Perou ne pourroit pas payer.

COLOMBINE.

Allez, vous estiez fous de vous tant effrayer.
Le cœur de ma Maistresse est de la vieille roche,
Un hameçon doré n'est pas ce qui l'acroche;
Et si Calmar enfin est bien reçu chez nous,
C'est que de ma Maistresse il est l'homme d'affaire.
Il fait de son mieux pour luy plaire:
Mais ma foy, quoy qu'il puisse faire,
Il ne fera point de jaloux.
Quoy que de ces Calmars l'on souffre la presence,
Et les festes & la dépense,
On n'a pour eux d'autres douceurs
Que celles d'écouter les leurs.

ARLEQUIN.

Ouy mais, ces dragons noirs de la Galanterie,
N'ont-ils point non plus, je te prie,
Dedragonné tant soit peu ta vertu?

COLOMBINE.

Comment donc? Pour qui me prens-tu?
Crois-tu que de tout bois Colombine fait fleche?
Ah! fy de ces Calmars! cela ne me sent rien.

ARLEQUIN.

On dit pourtant qu'ils ont fait breche

A de

A de plus grands cœurs que le tien.
Et qu'en amour tous ces reptiles,
Affiegeoient en Efté les cœurs
Comme ordinairement nous affiegeons les Villes.
COLOMBINE *riant.*
Ah, ah ! les illuftres vainqueurs !
Ils ne les prenoient pas de mefme.
ARLEQUIN.   [me ?
Comment ? Employoient-ils quelqu'autre ftratagé-
Ils ne les prenoient pas de mefme ? Et pourquoy
non ?
COLOMBINE.
Hé, c'eft qu'une ville mutine,
Ville à l'épreuve du Canon,
Vous la prenez, vous autres par famine ;
Au contraire, bien des Iris,
Tenant bon dans une ruelle
Aux foupirs de leurs Favoris,
Capitulent fouvent au Moulin de Javelle.
ARLEQUIN.
Je t'entends.   C'eft à dire, en peu d'expreffions,
Qu'en amour comme en guerre, avec une farouche,
Les meilleures munitions
Sont les munitions de bouche.
Les Calmars, à ce compte, opulens, genereux,
Et fur-tout beaucoup amoureux,
Doivent avancer leurs conqueftes.
COLOMBINE.
Hé bien, le nôtre, encore un coup,
N'avance que fort peu, quoy qu'il aime beaucoup,
Il nous donne fouvent des cadeaux & des feftes,
Et ce foir mefme il s'eft offert
De nous donner aux Thuilleries
Au clair de Lune un fort joly concert.
ARLEQUIN.
Un Concert ?
Tome VI.   L

COLOMBINE.

Ouy, voila de ſes galanteries.

ARLEQUIN.

Mon Maiſtre viendra donc à temps pour y chanter.
Mais attens, il me vient certain deſſein en teſte,
Qui pourroit bien deconcerter
Le Heros du Concert, le Maiſtre de la Feſte.
Eſt-ce de voix ce Concert ?

COLOMBINE.

Ouy.

ARLEQUIN.

Fort bien.
Le valet de Calmar n'eſt pas incorruptible.
Avec un doigt de vin la choſe eſt infaillible.
Je connois un Muſicien.
Pour rendre la choſe complette,
Il ne me manque plus rien
Qu'un faiſeur de vers, un Poëte.

COLOMBINE.

Quel eſt donc ton deſſein ?

ARLEQUIN.

Tantoſt tu le ſçauras.
De ce que je t'ay dit garde d'ouvrir la bouche.
Adieu, j'apperçois Scaramouche,
Qui peut eſtre pourra me tirer d'embarras.
Va donc, cours viſte à ta Maiſtreſſe ;
Et dis-luy que Leandre arrive ſur mes pas.

COLOMBINE.

Mais...

ARLEQUIN.

Va, te dis-je.

COLOMBINE.

Hé bien, à revoir ; je te laiſſe.

SCENE III.

ARLEQUIN. SCARAMOU-
CHE, *gesticulant comme un Poëte qui
fait des vers.*

ARLEQUIN.

HE' bien, mon cher amy Scaramouche ? Ouais ! il me regarde, & ne
me voit ny ne m'entend. Hola donc,
réveille-toy, Scaramouche.

SCARAMOUCHE.

Ah ! serviteur à votre Seigneurie.

ARLEQUIN.

Toy qui sçais la carte du monde, enseì-
gne-moy, je te prie, où je pourrois trou-
ver un Poëte ?

SCARAMOUCHE.

Un Poete ? Ah, c'est chose peu rare.
Des Poetes aujourd'huy le Ciel n'est point avare.
Et l'Hiver a moins de glaçons,
Le Printemps, moins de violettes,
L'Esté beaucoup moins de moissons,
L'Automne moins de fruits, que Paris de Poëtes.

ARLEQUIN.

Oh oh ! voicy parler archipoetiquement.
Serois-tu devenu Poëte en un moment ?

SCARAMOUCHE.

Non, ce n'est que d'aujourd'huy que je

suis Poëte, mon Cher , & il y a plus d'un
an que j'ay quitté la livrée pour la Poësie.

ARLEQUIN.

Quitter la livrée pour la Poësie , c'eſt
eſtre bien ennemy de ſa fortune ! Et pauvre fou ! à quoy penſes-tu ? Regarde au
Cours la Fleur en caroſſe à ſix chevaux ;
Jamais les Muſes ont-elles fait un ſi beau
quadrain que celuy-là ?

SCARAMOUCHE.

N'importe. J'aime mieux , te dis-je,
monter ſur Pegaſe qu'en Caroſſe , & il
vaut mieux prendre le chemin de l'Hôpital que celuy de la Greve. Venons à ton
affaire. Quel Poëte veux-tu ? Eſt-ce un
Poëte Heroïque, Lirique, Satyrique, Tragique , ou Comique ?

ARLEQUIN.

Oh, oh ! en voila encore du plus fin !
Non , c'eſt un Poëte de Muſique, d'O-
pera , de Concert.

SCARAMOUCHE.

Tu veux dire un Chanſonnier ?

ARLEQUIN.

Ouy , voila en un mot ce que je cherche , un Chanſonnier.

SCARAMOUCHE.

Et bien , je ſuis ton fait. Je ſuis le premier Chanſonnier du monde , & le premier de Paris pour les chanſons.

ARLEQUIN.

Fort bien. Fais m'en donc quelques-unes,
je te les payeray fur le prix courant de l'O-
pera.

SCARAMOUCHE.

C'eft à dire en monnoye de finge.

ARLEQUIN.

Et ouy , ce doit eftre là la monnoye de
l'Opera , puifqu'au lieu de Poëtes & de
Muficiens , il n'y a plus à l'Opera que des
finges. Mais revenons à mes chanfons. Je
voudrois...

SCARAMOUCHE.

Et bien , parlez.   De quel caractere les
voulez-vous ces chanfons ?

ARLEQUIN.

Je les veux... Et mais , je les veux du
caractere des chanfons.

SCARAMOUCHE.

C'eft à dire de quel ftile les aimez-vous ?
Par exemple , les chanfons paffionnées ?

ARLEQUIN.

Paffionnées ? non.

SCARAMOUCHE.

Amoureufes , tendres ?

ARLEQUIN.

Oh non , non.

SCARAMOUCHE.

Voudriez-vous quelque Chanfon bachique ?

L iij

ARLEQUIN.

Point du tout.

SCARAMOUCHE.

Chanson héroïque ?

ARLEQUIN.

Encore moins.

SCARAMOUCHE.

Chanson tragique, énergique, melan-
colique, cromatique ?

ARLEQUIN.

Et non, Cervelle lunatique, non ; je
ne veux point de toutes ces chansons en
ique ; il me faut, te dis-je …

SCARAMOUCHE.

Paix, je vais vous montrer un échan-
tillon de celles que vous voulez, & voicy
une de mes chansons favorites. Ecoutez
bien. (*Il chante.*)

   Chantez, chantez, petits Oiseaux.
Prés de vous l'Opera, l'Opera doit se taire.
Vous faites tous les jours des chants, des airs
   nouveaux,
   Et l'Opera n'en sçauroit faire.
Hé bien, cela vous plaist-il ? Qu'en dites-
vous ?

ARLEQUIN.

Fort bien. Mais …

SCARAMOUCHE *chantant.*

Vous faites tous les jours des chants, des airs
   nouveaux,
   Et l'Opera n'en sçauroit faire.

ARLEQUIN.

Ecoutez-moy donc. Il faudroit…

SCARAMOUCHE *continuant de chanter.*

Chantez, chantez, petits Oiseaux.…

ARLEQUIN.

Encore ?

SCARAMOUCHE *toujours chantant.*

Prés de vous l'Opera, l'Opera doit se taire.…

ARLEQUIN.

Et tais-toy donc aussi, maudit Poëte ;
& par grace…

SCARAMOUCHE *interrompt toujours Arlequin, & le quitte en chantant sans luy répondre. Arlequin s'en va.*

S·CENE IV.

COLOMBINE, ELISE. CALMAR *qui survient.*

COLOMBINE.

EN verité, Mademoiselle, il n'est pas
permis à une beauté d'aussi bon accabie
que vous, d'entendre si peu le manége de
la promenade. Hé ! vous vous promenez
aussi nonchalamment aux Thuilleries,
qu'en pleine campagne.

ELISE.

Mais comment donc faut-il se promener
icy, Colombine ?

L iiij

COLOMBINE.

Comme tout votre fexe, Mademoifelle.
Il faut comme toutes les belles, ne pas hazarder icy une démarche naturelle. Eftes-
vous avec moy dans la grande Allée, par
exemple ; il faut me parler toujours fans
rien dire, pour fembler fpirituelle ; rire
fans fujet, pour paroiftre enjouée ; fe re-
dreffer à tout moment, pour étaler fa gorge ; ouvrir les yeux, pour les agrandir, fe
mordre les levres pour les rougir, parler
de la tefte à l'un, de l'éventail à l'autre,
donner une loüange à celle-cy, un lardon
à celle-là. Enfin, radouciffez-vous, ba-
dinez, gefticulez, minaudez, & foute-
nez tout cela d'un air panché ; vous voila
à peindre aux Thuilleries. Entrez en lice.

ELISE.

Fais ces leçons-là aux Coquettes, Colombine ; je ne viens aux Thuilleries que
pour me promener, & je ne me prome-
nerois pas avec tant d'artifice, quand bien
j'y viendrois pour plaire. Mais ce n'eft pas
là mon deffein, & Leandre à grand tort
de s'allarmer.

COLOMBINE.

Cependant, Mademoifelle, à propos
de Leandre, vous ne devez rien negliger
pour le convaincre que Calmar qu'il croit
fon rival, n'eft que votre duppe. Mais
que vois-je ?

E L I S E.

Ah ! c'eſt Leandre, Colombine !

C O L O M B I N E.

Point du tout, & c'eſt, je croy, Monſieur Calmar.

E L I S E *à Calmar.*

Quoy ? C'eſt vous, Monſieur Calmar?

C A L M A R.

Ouy, ma belle Demoiſelle, c'eſt moy-meſme, & vous voyez ce que font pour vos beaux yeux ceux qui ſont de la juriſdiction, du reſſort, & de la competance de vos charmes. Vous voila ſatisfaite, & vous ne me reprocherez plus que je ſens le procés & la chicanne.

C O L O M B I N E.

En effet, Monſieur Calmar a l'air tout à fait galand, & la phiſionomie toute martialle. Ah ! de toutes les Metamorphoſes, aprés la Pluye d'or, il n'y en a point qui touche plus les femmes que celle du Plumet ; & Monſieur Calmar ſent ſon Petit-maiſtre à pleine gorge.

C A L M A R *ſe quarrent.*

Trouves-tu, Colombine? Nous n'avons point ſi mauvaiſe mine, n'eſt-ce pas ? Et j'oſe mettre en avant, ſans oſtentation, conteſtation, contravention intervention, diſcution, & omologation.

E L I S E.

Ah, Colombine ! bouchons nos oreilles.

C O L O M B I N E.

Tout doux, Monsieur Calmar, nous ne sommes pas icy à l'Audience. Vous oubliez que vous estes un Petit-maistre, & vous deshonorez votre habit.

C A L M A R.

Que veux-tu, ma pauvre Colombine ? C'est l'amour qui me fait parler, Mais, au reste, Mademoiselle, je vous ay préparé un concert le plus agreable du monde.

E L I S E.

A propos. Et bien de quoy sera-t-il composé votre concert ? Y aura-t-il des voix & des instrumens ?

C A L M A R.

Vous serez dans peu éclaircie là-dessus, & je veux vous donner de surcroît le plaisir de la surprise ?

C O L O M B I N E.

La surprise en effet sera le meilleur de la feste. Mais voila Jeanneton la bouquetiere des Thuilleries. En attendant, arrestons-nous à elle.

J E A N N E T O N *crie.*

Des fleurs, des bouquets, Mesdames.
(*Elle chante.*)

A moy, femmes & fillettes,
    Prenez mes bouquets.
Ces fleurs cachent des fleurettes,
    Et ces bouquets aux poulettes
    Portent souvent des poulets.

COLOMBINE.

Fort bien. Mais, Jeanneton, approche, & mon-
    tre-nous
    Tous ces poulets, ces billets doux.
En portes-tu beaucoup ? Montre donc, je te prie.

JEANNETON.

    Non, ce n'est plus comme autrefois.
    Je gagnois hautement ma vie
A rendre des poulets jadis en tapinois.
Mais à present c'est fait de la galanterie.
Les billets doux n'ont plus que de foibles attraits.
    La belle mode en est passée ;
    Et les poulets en fricassée
En amour aujourd'huy font les meilleurs poulets.

ELISE.

Que dis-tu des Thuilleries, Jeanneton ;
& comment les trouves-tu aujourd'huy ?

JEANNETON.

Je les trouve comme à l'ordinaire, dans
une furieuse disette de beau monde mascu-
lin ; & on peut dire qu'aprés les Diamans
& l'argent, ce qu'il y a de plus rare en
Esté à Paris, ce sont les jolis hommes.

ELISE.

On y trouve cependant encore des Plumets malgré la guerre, comme tu vois.
(*Elle luy montre Calmar.*)

JEANNETON *éclatant de rire.*

Ah, ah, ah! que vois-je? Est-ce Monſieur Calmar? Ah, ah, ah!

COLOMBINE.

Te tairas-tu?

JEANNETON.

Ah, ah, ah! la plaiſante metamorphoſe! & que Monſieur Calmar eſt droſle comme cela! ah, ah, ah!

CALMAR.

Qu'eſt-ce donc, que ſignifie cela? Jeanneton, de quoy ris-tu?

JEANNETON.

Ah, ah, ah!

CALMAR.

Ouais! il ſemble que ce ſoit moy qui luy donne à rire!

COLOMBINE.

Point du tout, Monſieur, c'eſt une fille qui rit ainſi de tout le monde. Donnez-luy ſeulement la piece pour l'engager à nous montrer ſes poulets, & l'empêcher de rire.

CALMAR.

Volontiers. (*Il tire ſa bourſe, & donne un Louis à Jeanneton.*) Tiens, Jeanneton, ceſſe de rire, & montre-nous quelques-uns de tes poulets tendres, de ces poulets que l'on confie à ta diſcretion, & que tu rends ponctuellement à leur adreſſe.

JEANNETON *prenant le Louis.*

On ne sçauroit rien refuser à Monsieur Calmar. Mais, motus, sur-tout. Tenez voila toute ma boutique. (*Elle fait voir plusieurs billets.* Il n'eſt point de poule qui couve tant de poulets, comme vous voyez. Oh ça, commençons donc par un bout, & finiſſons par l'autre. Qui eſt celuy-cy ? Ah, je ſçais ! c'eſt un billet de la jeune Aminthe. Vous connoiſſez bien cette jeune Enfant, ce tendron qui a épouſé ce vieux penard qui ſeroit bien le triſayeul de ſa femme. Voicy ce qu'elle écrit à un jeune Cadet.

> Que pour te voir je me hazarde !
> Mais je veux te perſuader,
> Mon cher, qu'une femme qu'on garde
> En donne ſouvent à garder.
> Avec deux commodes amies,
> Pour tromper mon maudit Epoux,
> Je viens deſcendre aux écuries :
> Ce vieux penard, ce vieux jaloux,
> Croit que pour tout le jour je ſuis aux Thuilleries,
> Et pour mieux duper ce vray ſot,
> Je cours, je paſſe & je repaſſe
> Dedans la grande Allée, & deſſus la Terraſſe,
> Pour aller tout droit à Chaillot.
> A mon bonheur aujourd'huy tout conſpire,
> Pourveu que mon vieux fol ne ſçache point cela.
> Mais il n'eſt que ſon front qui pourroit l'en inſtruire.
> Et le front d'un cocu ſouffre tout ſans rien dire.
> Un tel front jamais ne parla.

Voila comme la jeune Aminthe traite
son Epoux. En voicy un d'un Gascon,
qui fait sa déclaration d'amour à cette jeune
Marchande du Palais qui a tant la vogue
maintenant.

Il faut que mon amour avorte.
Cadedis ! Je suis mort, si jamais il en fut.
Ouy ; je suis mort, ma Reine, ou le Diable
　m'emporte ;
Vos yeux ont frappé droit au but.
Je ne suis point de ces gens d'Ecritoire,
Qui traitent l'Amour en Roman.
Songez à me guerir, & ce tout promptement.
Car pour peu que ce Dieu me rende l'humeur noire,
Ouy, pour peu que l'Amour me cause de tourment,
Aussi-tost je le rend net comme un lavement.

E L I S E.

Voila bien le caractere Gascon !

J E A N N E T O N.

En voicy un Suisse.

C O L O M B I N E.

Comment ? Un Poulet Suisse ? Et les
Suisses se meslent-ils aussi de Galanteries ?

J E A N N E T O N.

Ouy, les Suisses en France sont tout
galands, & la Galanterie Françoise sent
aujourd'huy le Suisse à pleine gorge.

Les Suisses, à bien des Philis,
Semblent grossiers, yvrognes, impolis.
Mais combien de François, combien de nos Nar-
cisses,
Sont encore pis que des Suisses ?

Ecoutez donc ce jargon-cy. Il s'adreſſe
à une femme de la moyenne vertu. C'eſt à
Beliſe, là ... Cet Attelier public, cette
maiſtreſſe banale & univerſelle.

CALMAR.

Ce ſont là les preuves qu'il faut faire,
pour poſſeder un cœur Suiſſe.

JEANNETON.

Ecoutez :

Quand moy ne fou foir boint icy,
Boûr moy l'eſtre tout gros de chagrin, de ſoucy.
Fou l'eſtre mon cher cœur, ma chere ame, mon mie;
Fou tout mon tibertiſſement;
Fou mon cour, fou mon Thuillerie,
Et moy ly devenir par mon foy votre Amant,
Et mandir par ſti femme à betite peſogne,
Si ly foudrez pien fou, dans un petit moment,
Mangir un Matelotte en ce Bois di Poulogne?

ELISE.

Rien n'eſt au monde plus divertiſſant.

JEANNETON.

Voicy la réponſe que la Dame a faite
au dos du Billet.

CALMAR.

Répond-elle auſſi en Suiſſe ?

JEANNETON.

Vous n'y ſongez pas, Monſieur Calmar; il faudroit qu'elle fuſt du pays de
ſon Amant, & elle eſt Pariſienne. Ecoutez.

Pour un Suiſſe, Monſieur, vous parlez bon François.
Je vous entends, je vous conçois;

Mais changez, s'il vous plaift, de note.
Avec fon cœur offrir la matelote,
    C'eft faire l'Amour en Bourgeois.   [re.
Le Proverbe eft commun en amour comme en guer-
Avecque bourfe vuide on n'eft jamais vainqueur ;
    Et courez par toute la terre,
Je me donne pour rien, fi vous trouvez un cœur
    Qui *gratis* aime & s'attendriffe.
    A prefent fans le quart d'écu,
Fuft-on un Adonis, on n'eft qu'un malotru.
    Ainfi donc le Ciel vous beniffe.
    Chez moy *point d'argent, point de Suiffe.*

Voicy une chanfon, d'un Marquis
d'Efté … là, de ces Heros qui preferent
les fleurs des Thuilleries à tous les lauriers
du Champ de Mars.   Ce fat du bel air l'en-
voye à Uranie, cette belle Etrangere. (*Jeanneton chante les paroles fuivantes fur un air
de Thesée qui commence,*) Que nos Prairies,
&c.

Les Thuilleries,
Toutes fleuries,
N'auront jamais
Ma Belle, vos attraits.
Les fleurs nouvelles
Qu'on voit chez elles,
Prés de vous, Philis,
Sont grateculs & piffanlis.
Les Thuilleries
Ne font fleuries
Qu'en certain temps ;
Et vous, Princeffe,
Objet de ma tendreffe,
Et vous, Princeffe,
Vous eftes fleurie en tout temps.

Que

Que dites-vous de cela, Monsieur Cal-
mat ? Tenez, tenez, à vous le dé. Voicy
un couplet qu'un Guerrier adreſſe à un de
vos Confreres.

> Heureux les Bourgeois de Paris,
> Quand le Plumet court à la gloire !
> Ils font l'amour à juſte prix.
> Heureux les Bourgeois de Paris !
> Du beau ſexe ils ſont tous cheris ;
> Sans combattre ils chantent victoire.
> Heureux les Bourgeois de Paris,
> Quand le Plumet court à la gloire !

Hé bien, vous reconnoiſſez-vous là,
Monſieur Calmar ?

CALMAR.

Non, ceux à qui s'adreſſe cette chanſon
ne ſont point mes Confreres.

JEANNETON.

Je vois bien que vous aimez mieux avoir
un Eventail pour Confrere.

CALMAR.

Un Eventail pour Confrere ? Te mo-
ques-tu ?

JEANNETON

Je ne me moque point, vous allez voir
ſi l'éventail n'eſt pas votre Confrere dans
toutes les regles.

Votre ſort & le ſien chez le ſexe eſt le meſme.
> Ce n'eſt que dans le chaud extrême
> Que l'on vous voit tous deux
Des Belles éteindre les feux.

Non, ce n'eſt qu'en Eſté que vous eſt s d'uſage ;
Et dés-lors qu'à Paris l'on verra des glaçons,
L'Eventail auſſi-toſt vous tiendra ce langage.
Confrere Calmar, décampons,
Allons au Garde-meuble, allons.

COLOMBINE.

Que tu es folle, Jeanneton ! Allons faire
un tour, Monſieur Calmar, & en nous
promenant, Jeanneton nous chantera le
reſte de ſes chanſons. (*Ils s'en vont, & Jeanneton en s'en allant reprend :* Les Thuilleries, toutes fleuries, &c.

Fin du ſecond Acte.

ACTE III.

SCENE I.

ARLEQUIN, PIERROT.

ARLEQUIN *ſeul.*

HÉ' non, Meſſieurs, non, encore un
coup, je ne ſçais point de nouvelles.
Au diantre ſoit des Nouvelliſtes ! Ces fous-
là me prennent pour une Gazette. Mais
ſongeons à notre affaire. Tout me favori-
ſe, tout me rit. La Muſique de Calmar
eſt yvre, la mienne eſt preſte, & il ne me
manque plus que mon Maiſtre pour jouer

notre Comedie. Il ne doit pas estre loin.
Faisons en l'attendant un tour dans ce Jardin , pour remarquer le terrein. Mais
quel est ce Ridicule-cy ?

PIERROT *en colere.*

Hé bien, qu'est-ce, Messieurs ? Suis-je
tortu, ou bossu ? de quoy riez-vous ? Au
diantre soient les rieurs , & la maudite
engeance ! Se gausser ainsi de tout allant
& venant ?

ARLEQUIN.

En effet , quelle canaille est-ce là ! voila
bien un homme pour donner a rire !

PIERROT.

Voyez un peu ces Badauts ! Je me baille
au Diable , si je ne feray sentir ma main
au premier gausseur que je verray rire.

ARLEQUIN.

Oh ! vous donneriez trop d'ouvrage à cette main;
Vous auriez beau frapper ; & dans ce grand jardin
  L'on ne se vient voir que pour rire.
  Chacun , sous ce feuillage verd,
 D'un œil malin se regarde & se lorgne.
  Un Magot qui voit de travers,
  Vous tourne en ridicule un Borgne;
Un Asne rit d'un Sot ; un Cocu d'un Bâtard ,
  Chaque femme de sa compagne ;
  Une laide pleine de fard,
Décrie à haute voix le rouge & blanc d'Espagne.
  Enfin que diray-je de plus ?
Chacun rit de celuy duquel il suit les traces.

Ah ! qu'un Ancien dit fort bien là-deſſus !
Tout mortel porte deux Beſaces.
En celle qui pend devant luy
Sont étalez tous les défauts d'autruy :
Mais vous, enfans de la Satyre,
Quand icy devant vous vous voyez cent défauts,
Songez bien, avant que d'en rire,
Qu'autant vous en pend ſur le dos.

PIERROT.

Ils ſe gauſſont, parce que je ſuis encore
tout neuf aux Thuilleries. Mais que de
braveries ! que de biautez ! quelle foule !

ARLEQUIN.

Hé bien que dites-vous de tout ce tripotage ?
Eſt-ce qu'on voit cela dedans votre Village ?
Chez vous par exemple, voit-on
Ces figures extravagantes ?
Et ces Gazettes ambulantes
Par eſcouade, par peloton,
Perdre ou gagner victoire en Flandre, en Allema-
gne ?
Faire des Chaſteaux en Eſpagne,
Et battre l'Ennemy ſeulement en diſcours ?
Ces fols crians comme des ſourds,
Par leurs dits & leurs rêveries,
Leur hurlemens, & leurs ſottes raiſons,
Ne vous feroient-ils pas prendre les Thuilleries
Pour les Petites-Maiſons ?

PIERROT.

En effet, des fous à ces Nouvelliſtes il
n'y a que la main. Mais tenez, tenez,
qu'eſt-ce que c'eſt que ces petits court-
vêtus ?

ARLEQUIN.

Qui ? Cette seconde espece de femme,
& qui font si bien les Damoiseaux ?

Ils viennent tous en sard, en mouches, en dentelles,
  En Narcisses, en Adonis,
  Voltiger de Belles en Belles,
  Jetter un œillade à Philis,
  Dire une sottise à Lisette,
  En tout lieu semer la fleurette,
  Et faire fléche de tout bois ;
  Aimer les femmes par douzaine,
Se vanter que pour eux il n'est point d'inhumaine,
  Et faire icy tout à la fois
Le Marquis, le Tartuffe, enfin tout personnage,
  Hors le leur, & celuy de sage.

PIERROT.

  Oh, chez nous les petits Colets
  Ne font ma foy pas si coquets.
Mais, à ce que je vois, on est libre à Paris.
Toutes ces femmes là, malgré leurs biaux habits,
  Ne repousont point les hommes,
  Comme celles de mon pays.

ARLEQUIN.

  Bien au contraire, ces Iris. [mes.
  Nous courent tous tant que nous som-
  La Coeffe icy volle au Chapeau.
Et tiens, remarques-tu le burlesque écriteau
  Qu'on voit affiché devant elle ?
Vois-tu ces mots écrits sur bien plus d'une Belle :
  Cœur à louer pour le Robin,
  Cœur à louer pour la Finance,
  Place de peu de resistance,
  Cœur à terme à la saint Martin.
Et bien, Manan, voit-on cela dans ton Village ?

PIERROT.

Non, il n'eſt point chez nous de femmes de
louage.

ARLEQUIN.

C'eſt que dans ton Village il n'eſt point de Plu-
mets ;
     Et vos Amantes, vos Bergeres,
       Qui ne vous perdent jamais,
       N'ont point beſoin de locataires :
       Mais pour les nôtres, en amour
Elles font tout l'Eſté de fort longues diettes,
Et toute Promenade eſt une baſſe-cour
Où l'on ne voit qu'un Coq pour cinquante Pou-
lettes.

PIERROT.

Ma foy, je plains toutes ces biautez-là.
       Mais expliquez-moy, je vous prie,
       Toutes ces autres que voila.
       Queſt-ce que cela ſignifie ?
       Comment s'appelle ce Chaſteau,
       Ces terraſſes & ces jets d'eau ?
Ces allées ſur tout ? Qu'eſt-ce que ces allées ?

ARLEQUIN.

       Voicy comme vulgairement
         La choſe eſt appellée.
       Tiens, devant nous premierement
         Voila la grande allée.

PIERROT.

La grande allée ?

ARLEQUIN.

       C'eſt la carriere du beau monde.
       C'eſt là qu'avec grand appareil,
       Au petit couché du Soleil,
Viennent ſe mettre en montre & la Brune & la
Blonde.

C'eſt là qu'on met à l'étalage
Dentelle, étoffes, & rubans ;
C'eſt-là que tous les ambulans
Viennent mettre à l'encan leur taille & leur viſage.
C'eſt là que l'on ſe donne un public rendez-vous ;
Que tous les beaux objets ſe trouvent,
Et que tous ils ſe deſaprouvent,
Parce qu'ils ſe reſſemblent tous.

Voila en peu de mots ce que c'eſt que la grande allée. Pour ces petites d'à-coſté, l'une eſt l'allée de la fronde ou du contrôle.

PIERROT.

Ces allées où ſont ces bancs ?

ARLEQUIN.

Ouy, c'eſt là qu'on s'aſſit pour médire à ſon aiſe ;
Que l'on parle du beau, du mauvais, & du bon ;
Enfin c'eſt là que tout ſe peſe,
Et qu'à chaque paſſant on taille le lardon.

PIERROT.

Et cette allée-cy ſi ſombre & ſi touffuë ?

ARLEQUIN.

C'eſt l'allée des rendez-vous.
Ce qu'on dit, ce qu'on fait en ſemblable retraite,
Se devine aſſez entre nous.
Mais cette allée eſt fort diſcrette ;
Et dont bien en prend aux jaloux.

PIERROT.

Et cette autre allée où l'on ne ſe promene que ſeul à ſeul ?

ARLEQUIN.

C'eſt le ſéjour de la Miſantropie,
C'eſt là qu'un noir chagrin, que la melancholie,

Se promenent matin & soir ;
Et là bien des humains se plaisans seuls, font voir
Qu'on peut se plaire, quoy qu'on die,
En fort mauvaise compagnie.

PIERROT.

Mais qu'est-ce que je vois là-bas ? Ta-
tidié ! Quel bagage ! Qu'est-ce donc que
cette allée-là ?

ARLEQUIN.

Où donc ?

PIERROT.

Hé, là où se promenent tous ces Chevaux & ces Carosses.

MEZZETIN.

Hé, c'est le Cours.

PIERROT.

Allons, faisons une descente dans ce
Cours. Je n'ay jamais veu tant de biau
monde. Allons donc.

ARLEQUIN.

Tout doux ; fantassin ny piéton
Ne vont jamais en ce canton.
L'on n'étalle aux Thuilleries
Qu'habits, rubans, modes, & broderies ;
Icy pour briller, tout mortel
Prend un merite personnel :   [mes,
Mais au cours prés duquel nous som-
Là ce sont les chevaux qui font valoir les hommes ;
Et parmy ces humains, & parmy ces chevaux,
Qui vont de mon costé, qui reviennent du vôtre,
On pourroit prendre l'un pour l'autre,
Sans faire de grands qui pro quos.

Ces

Ces balots par exemple & ces larges visages
Qui remplissent eux seuls de si grands équipa-
     ges,
    Ces gens, d'esprit comme de corps épais,
    De leurs coureurs sont-ils pas les images ?
Mais, Cours, à tant de sots favorable carriere,
Parmi tous ces beaux Chars, tous ces beaux étalons,
Que penses-tu de voir en Carrosse à deux fonds,
    Ceux que jadis tu vis derriere ?
C'est icy qu'un vray spectre, un remede d'amour,
    Est un Soleil en Carrosse à trois glaces ;
     Six Chevaux bien croupez au Cours,
Entraînent aprés eux les cœurs, les ris, les graces.
Un merite roulant est une fléche, un dard,
     Auquel il n'est point de rempart,
     Et l'on ne trouve point de Belle,
     A qui les roües d'un beau Char,
     Ne fassent tourner la cervelle.
Mais arreste, vois-tu ce petit animal,
Ce jeune Phaeton, qui pour fraper la veuë,
     Par une route trop batuë,
     Court en Carrosse à l'Hôpital ?
D'autres ambitieux, qui pour fuir cet outrage,
Aux dépens de leur ventre étallent un beau train ?
     Vous autres Bourgeois de Village,
    De cette Ville aimeriez-vous l'usage,
Et vous reduiriez-vous à n'avoir pas du pain,
     Pour avoir un bel équipage ?
Des chevaux bien nourris courent sous ce feuillage,
     Dont les Maiftres meurent de faim ;
     Et ces chevaux de bonne mine,
Qui font si bien aller un Carrosse en ces lieux,
     Font bien mal aller la Cuisine.
Enfin dans ce grand Cours chacun à qui mieux
    mieux
     Vient jetter de la poudre aux yeux.

Mais voicy l'heure de mon concert, la nuit approche ; ferviteur, Monfieur le Manan. A nous revoir icy ce foir, au clair de Lune.

PIERROT.

Comment ? eft-ce qu'on vient icy la nuit ?

ARLEQUIN.

Sans doute ; & minuit c'eft la plus belle heure des Thuilleries. (*Arlequin chante :*)

> Ce beau jardin que l'on admire
> Eft ordinairement, le jour,
> Le theâtre de la Satyre,
> Et la nuit celuy de l'amour.
> Dans le jour, la Blonde & la Brune
> Y font étaler leurs attraits ;
> Mais au demi clair de la Lune,
> On y voit leurs charmes fecrets.

PIERROT.

Ah ! je fouhaite donc que la nuit vienne au grand galop. Voila qui eft admirable, qu'on voye de fi belles chofes aux Thuilleries, quand on n'y voit goute ! (*Pierrot s'en va.*)

SCENE II.

MEZZETIN, ARLEQUIN.

MEZZETIN *arreftant Arlequin qui s'en alloit.*

Que vois-je ? Eft-ce Arlequin ?

ARLEQUIN.

Hé , c'eſt toy , mon cher Mezzetin ?
Ah ! l'heureuſe rencontre , & que j'ay de
joye de te revoir !

MEZZETIN.

Comment donc ? tu as quitté l'Armée
pour venir aux Thuilleries ?

ARLEQUIN.

Ouy. Faut-il que cela t'étonne ?
Hé , combien d'Enfans de Bellone
A Paris , comme moy , cet Eſté ſont venus
Demander becquée à Venus ?
Ah ! que depuis mes adieux pour l'Armée ,
J'ay bien mangé , mon cher , de la vache enragée ,
Et bien encouru des malheurs !
Tu me regardes bien ? J'ay perdu mes couleurs ,
Comme tu vois , je ſuis plus noir qu'à l'ordinaire.
Ce ſont fruits de l'Art militaire.
Si tu me vois le tein de la poudre à canon ,
Cela vient de la liaiſon
Qu'elle & moy tout l'Eſté nous avons eue enſem-
ble.
Sens auſſi cet habit , ſens. Et bien , que t'en
ſemble ?

MEZZETIN *aprés avoir fleuré l'habit*
Je ne ſens rien.   [*d'Arlequin.*

ARLEQUIN.
Comment ? Ce Juſt'aucorps
Ne ſent pas le carnage & la mort ? Sens encor.

MEZZETIN *portant ſa main au nez.*
Va , tes ſenteurs ſont ridicules.

ARLEQUIN.
Tu n'as donc point de ſentimens.
Cet habit eſt par tout lardé de corpuſcules

Anglois, Espagnols, & Flamans.
Ah ! que dans cette boucherie,
Quoy que je fisse l'esprit fort,
Il me falut trinquer bien des coups d'eau de vie,
Pour donner celuy de la mort.
Je suis un homme franc, s'il en est sur la terre ;
Tu ne vois point de ces hableurs
Qui disent tous les maux qu'ils ont eus à la guerre,
Sans mettre du nombre leurs peurs.
Pour moy, je l'avoueray sans feinte,
Je n'eus de passion en Flandre que la crainte.
Ceux qui font tant sonner leur bravoure, leur
nom ;
Crois-moy, les gens de cette sorte,
Ont comme moy la gueule morte,
En voyant celle du canon.
Témoin ces braves Capitaines,
Qui quand la charge sonne ont recours aux neu-
vaines.

MEZZETIN.

C'est à dire qu'il est des Guerriers en bravour
Aussi fanfarons qu'en amour.
Mais la Guerre, Arlequin, fait donc bien de la
peine ?

ARLEQUIN.

Mon éloquenée seroit vaine
A te le vouloir exprimer.
Ouy, l'on souffre tant à l'Armée,
Que bien des braves gens que je n'ose nommer,
Souhaittoient cet Esté, malgré leur renommée,
Devenir Bourgeois de Paris ;
Et de tous ces Bourgeois en Esté si cheris
Nos Guerriers convoitant la vie & les pistoles,
Maint d'entr'eux disoit ces paroles,
Petits Colets, Robins, & Douanniers,
Que votre sort est doux, qu'il est digne d'envie !

Il ne vous coûte au plus que soupirs monnoyers
      Pour gagner Cloris ou Silvie ;
Mais chez nous, pour gagner ou victoire ou lau-
    riers,
      Il faut qu'il en coûte la vie.
   Petits Blondins , Robins , & Douanniers ,
Vous estes plus heureux cent fois que nos Guer-
    riers.
      L'Esté n'a pour vous que des charmes ,
Quand il nous faut suer sous le poids de nos armes.
      Chez vous & glaces & liqueurs ,
      Du chaud adoucissent les peines ;
      Chez nous il n'est que les frayeurs
      Qui glacent le sang dans les veines.
    Vous répandez vin d'Espagne & du Rhin ,
    Quand nous versons le sang en abondance.
      Vous avez plus d'une Catin ,
Quand nous n'en avons pas pour notre subsistance.
      Vous dormez & soirs & matins ,
      Quand nous sommes tous des lutins.
Nous ne voyons qu'épée , ou bayonnette nue.
      Ah ! quelle affreuse nudité ,
      Auprés de celles qui l'Esté
      Aux bains s'offrent à votre vue !
Beuveurs, quand vous cassez les verres & les pots,
On casse bras & jambe à nos braves Heros ;
Et vous riez sur l'herbe , & vous faites ripaille ,
    Quand nous jurons sur le champ de Bataille.
Enfin chacun de vous content de son destin ,
      Avecque la Brune & la Blonde
      Ne cherche qu'à peupler le monde ,
      Quand nons ne voulons que sa fin.
Qu'en dis-tu, Mezzetin ? ce sont-là nos alarmes,
      En racourcy voila nos maux.
Les plus grands pour moy sont que nous autres
    Heros,

Tandis que devant nous chacun met bas les armes,
   Des Bourgeois qui font nos Rivaux,
   Nous font porter celles des fots.

Mais à propos, parlons de toy. Comment gouvernes-tu nos Veuves ? De la mine dont tu es, & de l'inconstance dont elles font, pendant que nous sommes au Champ de Mars, tu dois cet Esté faucher copieusement dans le champ des Amours.

MEZZETIN.

Et j'ay aussi un Regiment de Maistresses que je ne voudrois pas troquer contre celuy de ton Maistre ; & entre autres une certaine Colombine...

ARLEQUIN.

Co....

MEZZETIN.

Colombine.

ARLEQUIN *à part.*

Colombine ? Ah, la traîtresse ! (*Haut.*) Et il ne faut pas demander fi vous estes bien aimé de cette Colombine ?

MEZZETIN.

Ma foy, fans trop s'en faire accroire, quand on est tourné comme je le suis, on est toujours affez feur de fon fait auprés des femmes.

ARLEQUIN.

Mais fans trop d'indifcretion, ne pourroit-on pas fçavoir à quoy vous en estes avec elle ?

MEZZETIN.

Sans un maudit Fiacre qui eſt venu ce matin nous interrompre pendant que nous eſtions teſte à teſte dans le Bois de Boulogne , j'aurois pouſſé les affaires bien loin. Mais ce qui eſt differé n'eſt pas perdu. Serviteur. (*Il s'en va.*)

ARLEQUIN *ſeul.*

Bon voyage. Aprés cela fiez-vous à ces carognes de femmes! Mais voicy juſtement mon Maiſtre.

SCENE III.

LEANDRE, ARLEQUIN.

LEANDRE.

D'Où ſors-tu donc , Arlequin ? Il y a une heure que je te cherche.

ARLEQUIN.

Je me promenois en vous attendant, Monſieur , icy-prés , dans l'allée des ſoupirs, où je faiſois reflexion ſur l'inſtabilité des choſes humaines par rapport aux femmes.

LEANDRE.

Ah Ciel ! eſt-ce d'Eliſe que tu veux parler ? L'as-tu veue ? Et bien, que t'a-t'elle dit ? qu'as-tu appris ? réponds viſte.

ARLEQUIN.

Non, Monſieur, Eliſe n'eſt point la matiere de mes reflexions ; c'eſt la moins femme de toutes les femmes en inconſtan-ce. Mais ſa Suivante, mais Colombine...

LEANDRE.

Hé faquin, qu'ay-je à faire de Colombine ? Parle-moy d'Eliſe.

ARLEQUIN.

Et bien, je vous dis, Monſieur, qu'Eliſe eſt malgré l'abſence, ſage, aimable, fidelle. Mais Colombine....

LEANDRE.

Hé laiſſons-là Colombine, encore un coup ; parle de ce qui me touche. Quoy donc ? Eliſe n'aime ny n'épouſe Calmar ?

ARLEQUIN.

Non, Monſieur, Eliſe ne ſera point Calmardée. Mais Colombine enteſtée de Mezzetin, eſt à la veille....

LEANDRE.

Encore ? Hé traiſtre, qu'eſt-il queſtion icy de Mezzetin & de Colombine ? Ne me parle que d'Eliſe. Rends-moy compte de ſa conduite, & de celle de Calmar.

ARLEQUIN.

Et bien, je vous dis, Monſieur, que Calmar a fait de ſon mieux pour nous ſupplanter. Il a donné Feſte, Bal, Spe-

ctacle , & aujourd'huy mesme dans le
Bois de Boulogne, Elise....

LEANDRE.

Et bien, acheve, qu'a fait Elise dans le
Bois de Boulogne ?

ARLEQUIN.

Elle a fait ripaille avec Calmar, & n'est
sortie de table que pour venir aux Thuilleries entendre un concert qu'il luy donne.
Mais Colombine, teste à teste avec Mezzetin...

LEANDRE.

Tu ne finiras donc jamais, bourreau ?
Veux-tu donc oublier Colombine & me
tirer d'inquiétude ? Elise, dis-tu, n'est
sortie de table que pour aller au concert ?
Qu'est-ce que c'est donc que ce concert ?

ARLEQUIN.

Oh, puisqu'il n'y a pas moyen de vous
parler de Colombine , venons donc au
fait. Je vous diray que le concert que
veut donner Calmar, m'en a fait inventer
un , où nous déconcerterons un peu ce
Rival. Venez apprendre votre rôlle. Mais
voicy Octave & Scaramouche.

OCTAVE embraßant Leandre.

Que vois-je ? Quoy, c'est vous mon
cher Leandre ?

LEANDRE.

Ouy, vous voyez, mon cher Octave,

un homme encore tout poudreux, & hâlé
du Soleil de Flandre.

ARLEQUIN.

Quoy ? te voila donc dépoëtifé, Scaramouche ?

SCARAMOUCHE.

Ouy, j'ay fuivy tes confeils, je me fuis
rapatrié avec la fortune ; j'ay repris la
Livrée.

OCTAVE.

Quel fujet donc vous fait venir en pofte
de Flandre à Paris, & qui vous fait quitter le Champ de Mars pour les Thuilleries?

LEANDRE.

Un Dieu qui fait quitter les armes pour
la Quenouille, le Ciel pour la Terre ; l'a-
mour, en un mot, cher Octave, l'amour.

SCARAMOUCHE.

Es-tu amoureux auffi toy, Arlequin ?

ARLEQUIN.

Si je fuis amoureux ? Belle demande !
Et ne fçais-tu pas, animal, que l'amour eft
le foible de tous les grands hommes ?

OCTAVE *à Leandre.*

Peut-on fçavoir quelle eft la Belle qui
vous met icy au rang des Plumets d'Efté,
Leandre ?

SCARAMOUCHE *à Arlequin.*

Et pourroit-on vous demander quelle
eft la Soubrette qui vous met au rang des

grands hommes, Arlequin ?

LEANDRE.

Ah ! je vais en un feul mot vous peindre la plus aimable de toutes les femmes,
Octave ; c'eft Elife, Elife qui eft feule capable d'enlever mon cœur à la gloire.

ARLEQUIN.

Scaramouche , c'eft Colombine , qui
feule peut enlever mon cœur à la Cuifine.

OCTAVE.

Elife votre Maiftreffe, Leandre ?

SCARAMOUCHE.

Colombine ta Maiftreffe , Arlequin ?

LEANDRE.

Ouy, Elife ma Maiftreffe ; & c'eft fur
ce que l'on m'a mandé qu'elle eftoit celle
d'un nommé Calmar, que je fuis venu
fçavoir de fes nouvelles. Mais graces au
Ciel, c'eft une fauffe allarme , & Elife
n'eft point infidelle.

ARLEQUIN.

Queufi queumi, Scaramouche.

OCTAVE.

Mais avez-vous des preuves de la conf-
tance & de l'amour d'Elife, Leandre ?

SCARAMOUCHE.

Et toy, eft-tu bien feur des bonnes graces de Colombine, Arlequin ?

LEANDRE.

Les rigueurs dont Elife paye les dou-

ceurs de Calmar , me sont des preuves de
sa constance , & je veux , comme amy,
vous en montrer de son amour. Tenez,
Octave, reconnoissez-vous la Elise ? (*Il
luy montre le portrait d'Elise qu'il a au
bras.*)

ARLEQUIN.

Attens , Scaramouche , tiens, recon-
nois-tu là Colombine ? (*Il oste son just'-
au-corps , & fait voir à Scaramouche le
portrait de Colombine qu'il a sur son dos.*)

OCTAVE.

Oh , Ciel ! c'en est trop , je suis le mi-
serable. Serviteur, Leandre. (*Il s'en va.*)

SCARAMOUCHE.

Ah , Ciel ! je suis le malheureux. Ser-
teur, Arlequin. (*Il s'en va.*)

LEANDRE.

Comment donc ? Qu'est-ce que cela signifie ? Arreste, Octave. Un mot ? Octave ? Découvrons d'où vient un adieu si
brusque. (*Il le suit.*)

ARLEQUIN.

Courons aprés, Monsieur. Hola hé,
Scaramouche , Scaramouche ? Il y a icy
quelque anguille sous roche. Scaramouche ? (*Ils sortent.*)

SCENE IV.

COLOMBINE, ELISE.
CALMAR *qui survient.*

COLOMBINE.

OUy, Mademoiselle, vous avez aujourd'huy deux hommes à defabufer ;
l'un de l'opinion où il eſt que vous pouvez
l'aimer , & de celle où eſt l'autre que vous
ne l'aimez plus.

ELISE.

Pour Leandre, mon cœur ſe juſtifiera aſſez
par la joye dont il ſera ſaiſi à ſa vuë. Mais
la piece que l'on veut joüer à Calmar me
fait de la peine. Je voudrois le congedier
de meilleure grace , & il faut l'épargner,
ne fuſt-ce que pour l'amour de ſa Robe.

COLOMBINE.

Et ne ſongeons qu'à l'Epée, Mademoi-
ſelle. Il ne faut rien épargner pour tirer
Leandre d'erreur,& vous ne pouvez le deſ-
abuſer que par un promt & bon mariage.
Qu'attendez-vous ? Ne laiſſez pas retourner voſtre Amant à l'Armée, ſans l'atta-
cher avant des liens du Contract. Et prenez ce Guerrier enfin pendant qu'il eſt encore tout entier. Mais chut, voicy Monſieur Calmar.

CALMAR *arrive.*

Hé bien, ma belle Demoiselle, à présent que la nuit approche, vos beaux yeux ne peuvent plus s'occuper aux Thuilleries, il est temps de divertir vos oreilles. Allons, il faut commencer notre Concert.

COLOMBINE.

L'heure & le lieu sont tout à fait favorables à la Musique.

CALMAR.

Ah ! qu'il seroit heureux, ma pauvre Colombine, s'ils l'estoient aussi un peu à mon amour. Mais, hola, Musiciens, commencez.

SCENE DERNIERE.

Plusieurs Musiciens s'avancent, & jouent une ouverture ; aprés quoy Mezzetin en Bacchus, chante :

MEZZETIN.

Je viens d'une saison brulante
Dissiper les vives chaleurs,
Et par de Bachiques liqueurs,
Enyvrez s'il se peut Elise & sa suivante,
C'est ainsi qu'on touche les cœurs.

(Il boit.)

Le Beau sexe est vaincu par sa propre machoire,
Quand l'Amour court à jeun, & seul, à la victoire,
Il est bien facile à dompter.

Une Belle aisément tient bon contre nos charmes,
Mais si jadis Tarquin eust emprunté ces armes,
    Lucrece n'eust fait que chanter.
La suite de Bacchus danse.

CALMAR.

Où sont donc mes autres Musiciens ?
Hola, Messieurs les Musiciens, qu'on
vienne donc achever cette Scene de l'O-
pera.

LEANDRE & ARLEQUIN entrent.
LEANDRE chante ces paroles suivantes.

O vous, qui joüissez de la saison nouvelle,
Amoureux Rossignol, plaintive Tourterelle,
Chantez, petits oiseaux, vantez-vous, vantez-vous
    D'estre plus heureux que nous.
        Vos femelles
        Sont fidelles ;
    Et pour voler au Combat
    Vous ne laissez point vos belles
      A des gens de Rabat.

On entend ensuite un bruit de guerre &
de trompettes.
   ARLEQUIN chante sur l'air : (J'entens
déja le bruit des armes.)
    Ce bruit, ces tambours, ces trompettes,
    De Mars annoncent le retour.
    Prenez congé de nos Coquettes,
    Bourgeois, renguaînez votre amour ;
    La Coeffe est sourde à vos fleurettes
    Si-tost qu'elle entend le tambour.

Le bruit de guerre recommence & Leandre
chante ensuite :

LEANDRE.

Au retour du Printemps,
La Robe preside aux ruelles :
Mais au retour des Combattans
Tous les Amours s'en vont chantans :
Adieu, Robins, quittez nos belles,
Adieu, vous reviendrez avec les hirondelles,
Au retour du Printemps.

CALMAR.

Ouais ! Est-ce que l'on me joüe icy
Comment l'entendez-vous donc, Made
moiselle ?

COLOMBINE *chante au nez de Calmar.*

Dansons, chantons avec gaïté
Bourgeois, à d'autre, à d'autre
Ce n'est qu'au cœur de l'Esté,
Qu'on peut recevoir le vostre.

LE CHOEUR

Dansons, chantons, &c.

Il se forme un cercle, au milieu duquel se trouve Calmar, & la danse finie, il s'en va tout en colere.

ARLEQUIN.

Allons au mariage, allons.
Pour vous, Messieurs les Violons,
Dites à Calmar qu'il vous paye.
En Violons, par-tout on nous deffraye ;
Et sur-tout ces gens de procés,
Ces Messieurs à langue dorée.
A nos dépens ils parlent au Palais ;
Mais en revanche aussi c'est toujours à leur frais,
Que nous dansons nous autres gens d'épée.

Les Danseurs finissent la Comedie.

L E